LA GHILDE

N'EST PAS L'ORIGINE DE LA COMMUNE.

3ᵉ ARTICLE

SUR LES COUTUMES DU BAILLIAGE D'AMIENS.

COUTUMES LOCALES DU BAILLIAGE D'AMIENS,

Rédigées en 1507, et publiées par M. A. BOUTHORS, *Greffier en chef de la Cour impériale d'Amiens,* 2 vol. *in-4°, Amiens,* 1845-1853. (*Comptes-rendus de MM.* TROPLONG *et* DUPIN ; *article critique de* M. B. DE XIVREY.)

(3° ARTICLE.)

La Ghilde n'est pas l'origine de la Commune.

M. B. de Xivrey a écrit dans le *Journal des Débats :* « La notice sur la prévôté d'Amiens, où M. Bouthors entre en matière par un exposé général du sujet offre un développement où nous trouvons quelque chose d'ambitieux et d'exagéré. Tout au plus ces généralités auraient été de mise s'il se fût agi d'une des plus anciennes communes, telles que celle du Mans. Quant à la commune d'Amiens, elle est comparativement moderne et calquée, non pas sur les institutions lointaines des peuples du Nord; mais simplement sur quelqu'une des communes de la Normandie ou de l'Ile-de-France. » Cette critique ne nous paraît pas complètement fondée. D'un côté le soulèvement du Mans est, sans doute, communal; mais il se rapporte plutôt aux faits qui accompagnèrent l'organisation militaire des paroisses, pendant que s'établissaient la Paix et la Trève de Dieu. De l'autre, la commune d'Amiens est une des plus anciennes communes urbaines. En effet, elle est antérieure à la charte royale qui l'a confirmée (1190), et, sauf quelques modifications introduites par Philippe-Auguste et que M. Aug. Thierry s'est habilement efforcé de découvrir, elle remonte aux conventions passées en 1113 entre les Amiennois et leur saint évêque Gaufrid, Godefrid ou Geoffroi. Nous ne trouvons donc pas la commune d'Amiens trop nouvelle pour qu'à son sujet on puisse se livrer à des considérations sur les origines communales ; mais, sans nous inquiéter de savoir si Amiens a pris pour modèle les communes environnantes plutôt qu'elle ne leur en a servi, nous croyons comme M. B. de Xivrey, qu'elle n'est pas calquée sur les institutions lointaines des peuples du Nord.

M. Bouthors pense différemment (p. 5.). Suivant lui, « la commune, c'est-à-dire l'union des citoyens dans un but de protection et de garantie mutuelle est d'origine germanique ; la municipalité, c'est-à-dire la hiérarchie des pouvoirs administratifs de la cité est moins germanique que romaine. » M. Dupin, cite ces principes, mais n'en donne pas son avis, tout en paraissant partager celui de M. B. de Xivrey, puisqu'il y renvoie le lecteur. Quant à nous, notre obscurité nous fait un devoir d'expliquer pourquoi nous repoussons, jusqu'à un certain point l'influence germanique au sujet de la commune, même envisagée comme une association jurée. Mais d'abord, constatons avec plaisir que, dans cette question, nous sommes bien plus d'accord avec M. Bouthors qu'avec M. Aug. Thierry. Le premier admet pour une part considérable l'influence de la Paix et de la Trève de Dieu dans le mouvement communal ; quand le second n'y voit que les conséquences de la ghilde germanique. Il est même probable que c'est l'autorité, la réputation du maître éminent qui a ébloui M. Bouthors, l'a entraîné, et se trouve ainsi responsable en partie de l'erreur qu'a commise le disciple.

C'est donc M. Aug. Thierry surtout et son école que nous avons ici comme adversaire. Pour cette discussion, nous suivrons à peu-près l'ordre qu'a tracé M. Troplong dans son compte-rendu. « Quatre points principaux, y dit-il, ont surtout frappé M. Bouthors; et il en fait ressortir l'importance : la ghilde germanique, si bien décrite par M. Aug. Thierry ; l'échevinage fort différent de la curie ; le patronage chrétien et la tradition de la loi romaine. » Commençons donc par la ghilde.

D'abord quel est le sens de ce mot allemand? *Gild* signifie proprement une société instituée dans le but de pourvoir à quelque dépense commune par des cotisations d'argent ; en général, toute espèce d'association ou de société ; plus particulièrement, un corps de métier, une corporation de commerçants, une jurande, une maîtrise, une communauté.

M. Aug. Thierry, dans ses *Considérations sur l'Histoire de France*, mises en tête des *Récits des temps mérovingiens*, s'efforce, au chapitre cinquième, d'établir, avec le talent qu'on lui connaît, que la ghilde, apportée, en France comme ailleurs, par les Germains, du fond de la Scandinavie, donne sa forme à la Trêve de Dieu ; que la fédération de défense intérieure et extérieure, la *Communauté populaire* instituée par Louis-le-Gros, et qu'enfin la *Commune jurée* en sont des applications.

Suivant ce système, les lois des empereurs francs présentaient la ghilde sous le triple aspect de réunion conviviale, de conjuration politique et de société de secours mutuel. Plus tard, le banquet fraternel perdit son importance et tomba en désuétude ; mais deux choses subsistèrent, l'association jurée et la protection mutuelle, jointe à une police domestique exercée par les citoyens entre eux. Enfin il exista des ghildes spéciales formées, non dans un but indéfini de secours et de charité réciproques, mais pour un objet strictement déterminé, comme par exemple l'association prohibée en 817 et qu'avaient faite les serfs de la Flandre et du voisinage sans objet bien certain, mais qu'on assimile aux collectes levées vers 884 par les paysans contre ceux qui leur déroberaient une partie de leurs biens. Ainsi toute espèce d'association est confondue sous la dénomination de ghilde, qu'il s'y agisse de cotisation ou d'association jurée. A ce compte, l'association des Know-nothings établie depuis quelques mois dans les Etats-Unis serait aussi véritablement une ghilde, que le peuvent être la trève de Dieu et la commune. Effectivement le mot allemand *gild* a tous ces sens ; mais il ne suffit pas, que les Germains appellent, dans leur idiôme, toute espèce d'association *une* ghilde, pour que toute espèce d'association ait une origine germanique. C'est un pêle-mêle qu'il faut démêler.

Nous venons de voir que les trois caractères attribués à la ghilde germanique sont le banquet, le serment, et l'association de secours et de protection mutuels, jointe à une sévère police exercée par les membres entre eux.

Le banquet n'est pas particulier à la ghilde. Comme l'a fort bien remarqué M. Bouthors (p. 6), les premiers chrétiens, dans les associations qu'ils formaient, avaient retenu, des Juifs et des Romains, l'usage des banquets à frais communs ou agapes ; mais il n'a pas vu, ou n'a pas dit, que cet usage se retrouvait aussi fréquent que possible dans les corporations ouvrières de l'empire romain. Pourtant les inscriptions en font foi ; c'est ce qu'affirment ceux qui les ont le plus savamment commentées, entre autres Muratori et Orelli. Les corporations romaines avaient leurs banquets communs qu'elles célébraient dans des maisons particulières, et ces banquets étaient un de leurs liens principaux.

Le serment n'est pas davantage propre à la ghilde. On n'a pas la certitude qu'il fît partie du formulaire des corporations romaines, bien que cela semble probable ; mais il accompagnait la plupart des actes publics faits par les magistrats des municipes sur le modèle desquels les corporations étaient constituées ; mais il est la base essentielle de toutes les conjurations, de toutes les actions entreprises en commun et surtout des sociétés conclues pour établir la Paix et la Trève de Dieu.

L'association de secours et de protection mutuels, jointe à une police sévèrement exercée par les membres sur eux-mêmes, se retrouve également partout ailleurs que dans la ghilde. Elle existait dans les églises chrétiennes au plus haut degré ; on la voit également dans les corporations romaines. Ici, il y avait au moins un fonds commun destiné à aider les membres dans leur commerce, dans leurs entreprises, leurs besoins, leurs maladies et leurs funérailles ; à les défendre contre l'avarice et les prétentions des hommes puissants. Quant à l'existence d'une police et d'une juridiction particulière, elle n'y est que très probable.

M. Bouthors en approfondissant l'étude des ghildes, a-t-il découvert quelque nouveau caractère à ces associations ? Oui. « Tout membre de la ghilde est obligé, dit-il (p. 7 et suiv.), de tirer vengeance des injures et des voies de fait dont il a été l'objet. Il est exclu du banquet s'il refuse de se venger avec le concours de ses compagnons ou s'il se venge sans leur consentement. » La vengeance est un principe tout étranger au christianisme et aux églises chrétiennes, qui mettent, en première ligne du devoir, le pardon des offenses; mais, en revanche, elle est si bien dans le fond de la nature humaine, qu'elle se rencontre à tous les degrés de la barbarie sans distinction de race. Qu'est-ce que le talion que l'on voit dans l'antiquité, mosaïque, grecque ou romaine, si ce n'est le droit de vengeance régularisé ?

On peut objecter que, si aucun de ces caractères n'appartient en propre ni aux peuples scandinaves et germaniques ni à la ghilde, c'est pourtant leur ensemble qui constitue l'organisation de cette association conviviale et jurée, assistant dans tous leurs besoins, défendant et vengeant ses membres et les astreignant à une police sévère. Eh bien ! par contre, je me demande si, l'organisation des corporations anciennes et leur esprit politique étant connus, leur existence après la chute de l'empire romain étant admise et leur passage sous l'influence chrétienne étant accepté, s'il n'a pas suffi, du développement des passions inhérentes à l'humanité et du concours des circonstances où ces corporations se sont trouvées aux premiers temps du moyen-âge, pour opérer en elles la métamorphose qui leur donne l'air de procéder de la ghilde ?

Les corporations romaines avaient fort probablement le serment qui en liait les membres et la police qui y maintenait la qualité de la production et le bon ordre ; elles avaient incontestablement l'usage fréquent des banquets par cotisation et un fonds commun d'assistance et de secours. Avaient-elles le principe de défense et de vengeance ? Il est certain qu'elles sont intervenues dans les affaires politiques. Sous la république, elles prenaient une part fort active aux luttes électorales et leurs actes en firent plus d'une fois supprimer quelques-unes. Sous l'empire, les hétairies orientales inspiraient à Trajan une véritable crainte; enfin Aurélien eut de la peine à vaincre le marchand de papiers Firmus et surtout les monnoyeurs ou les monétaires de Rome. Mais, disent les modernes et M. Bouthors avec eux, la réunion des ouvriers en collége n'était pour Rome qu'un moyen d'asservissement, si bien qu'elle ne leur laissait pas le choix d'accepter ou de répudier les professions auxquelles elle les destinait. Cela est vrai de l'époque impériale; peut-être ne le serait-ce pas des temps républicains. Sans entrer dans des détails étrangers à notre sujet, nous ferons remarquer qu'à mesure que la plèbe romaine a cessé de travailler, et, se croyant souveraine, s'est fait nourrir et amuser par l'empereur, qui avait pris à sa charge les devoirs de l'ancien patriciat, il semble que les corporations, devenant par degrés les sujets du souverain peuple, se sont transformées, tout en conservant leurs antiques priviléges, jusqu'à ce qu'elles aient pris l'apparence bizarre que leur donne, à la fin de l'empire, le code théodosien. Il est vrai qu'on était héréditairement astreint à faire partie des corporations et que la loi pourvoyait à ce que ces corps demeurassent composés d'un nombre suffisant de membres, esclaves, libres, grands et sénateurs, ou qu'ils fussent augmentés de gré ou de force lorsqu'il en était besoin. Mais ces corporations étaient des fonctions publiques; leurs membres avaient l'exemption tantôt des bas services et des châtiments corporels, comme les porchers; tantôt de toutes charges, des fonctions curiales et onéreuses, des contributions volontaires ou obligatoires, de l'observation de la loi Julia Papia, des châtiments corporels, sans compter qu'elles avaient une foule d'avantages pécuniaires et même la dignité équestre, comme les navigateurs. La banqueroute expulsait même des corporations, par exemple de celle des panetiers. C'était donc encore un privilége que d'en faire partie et je ne puis pas m'empêcher de penser qu'il y avait eu un temps où c'était un privilége que d'y entrer. Qu'on se rappelle ce qui était arrivé aux curiaux. Le privilége jadis réclamé par l'individu, comme la fonction curiale, ou par le corps, comme le don de couronnes d'or adressées à des Romains puissants dont on voulait se faire des patrons ou des protecteurs, était devenu une servitude ; ainsi l'or coronaire et la qualité curiale elle-même. Sans doute, il s'était passé quelque chose d'analogue dans les corporations. Puisqu'elles constituaient des corps privilégiés auxquels on ne pouvait prétendre appartenir qu'à de certaines conditions, il s'en était suivi que l'Etat s'était donné le devoir de maintenir efficaces et complets ces services publics dont dépendait l'alimentation des capitales, et de là étaient nées les ordonnances rigoureuses, les obligations qui garantissaient l'existence, l'utilité, l'activité de ces corps. Pourtant quand la centralisation impériale tomba, un grand changement eut lieu. Avec l'empire, les servitudes croulèrent, mais les priviléges demeurèrent subsistants. On s'affranchit des conséquences qu'avait eues la centralisation exagérée qui venait de disparaître. Comme la curie cessa d'être responsable de la levée des impôts et redevint, peut-être en droit, souvent en fait, maîtresse des ressources municipales ; de même les corporations, réintégrées dans leur ancienne liberté, purent s'efforcer, en se débarrassant de leurs servitudes, de se maintenir en possession de leurs avantages et de leurs priviléges. Même la liberté d'en faire partie ne me paraît être que la conséquence de la chute de l'empire.

Quant à la possibilité de la durée des corporations romaines après cet événement, je ne veux pas d'autre autorité que M. Bouthors lui-même. En parlant de la pacification que jurèrent vers 1023 les habitants de Corbie et d'Amiens, acte qu'il a seulement le tort de regarder comme la plus complète des institutions du même genre, il cherche quels pouvaient être les patrons qui coopérèrent à l'établir avec les citoyens et dit très judicieusement (p. 28 et suiv.) : « Ils peuvent être les chefs municipaux, car le mot *patrons* reproduit exactement l'expression dont se servaient les constitutions impériales pour désigner les administrateurs que les *jurandes* (1) romaines élisaient annuellement. Or nous ne doutons pas qu'il y eût encore, au XIe siècle, dans les grandes villes municipales, des sociétés d'artisans, débris de la curie romaine, s'agitant et se remuant comme des tronçons mutilés autour des corps sans vie auxquels elles avaient survécu. »

Ailleurs, cependant (p. 13 et suiv.), pour montrer les prétendues relations des sociétés d'artisans au moyen-âge avec la ghilde, M. Bouthors ajoute : « La communauté du travail initie les artisans aux mêmes secrets et les enchaîne aux mêmes devoirs ; la communauté d'intérêts les range sous la même bannière, les expose aux mêmes dangers et les précipite dans les mêmes hasards ; la communauté de rapports les rend solidaires des haines, des affections, des vengeances les uns des autres. Ils se rassemblent pour pleurer autour d'un même cercueil ; ils se réunissent pour se consoler ou se réjouir autour de la même table, comme les confrères de la ghilde ; ils ont une bourse commune et des banquets à frais

---

(1) Est-ce seulement par suite de ses études sur le moyen-âge que M. Bouthors emploie plusieurs fois cette désignation ?

communs... » Nous nous contenterons de remarquer à cet égard que, communauté de travail, d'intérêt et de rapports, enterrements et banquets à frais communs, bourse commune : tous ces caractères appartiennent, comme nous l'avons déjà montré, à la corporation romaine, et que, s'ils suffisent pour donner aux jurandes du moyen-âge l'air d'avoir été calquées sur la ghilde, il n'est pas juste d'en tirer la conclusion qu'elles l'ont été, ni de dire que « dans ces corps de métiers, tout ce qui a trait à la police industrielle ou à la hiérarchie administrative s'y reflète comme une tradition de la législation théodosienne ; mais tout ce qui constitue la force ou le lien de l'association porte à un degré plus marqué le cachet de la ghilde. » Si, par *lien* de l'association, on entend toutes les communautés énumérées plus haut, ce lien se retrouve plus dans la corporation romaine que dans la ghilde, où certainement le travail productif n'était pas un élément généralement originel. Enfin la corporation romaine, étant depuis longtemps implantée dans la Gaule, n'a pu recevoir de la ghilde qu'une influence, que je ne veux pas nier, qui a pu donner une activité, une passion de plus à la jurande, mais qui ne l'a pas créée et qui n'y a au fond rien changé.

Pour nous, les jurandes issues des corporations romaines, qu'avaient modifiées surtout la dissolution de la centralisation impériale, mais peu profondément l'influence germanique, nous semblent jusqu'ici un des principaux éléments de la commune. Passons au scabinat.

Ce point avait excité toute l'attention de M. Aug. Thierry, au chap. V de ses *Considérations sur l'Histoire de France*. Le célèbre écrivain, après avoir montré l'institution des scabins par Charlemagne, institution dont l'origine est la nécessité de rendre la justice à chacun d'après la loi qu'il a adoptée, en suit les transformations. Sous le nom de scabins, on doit voir, sinon la curie entière, au moins une portion de la curie. Le scabinat romain ou urbain subsiste après la disparition du scabinat cantonnal. Dès le X° siècle, il administre en même temps qu'il juge. Ainsi, tandis que la curie, corps administratif, avait, lors de la chute de l'empire romain, obtenu la juridiction ; le scabinat, corps judiciaire, avait, à la chute de l'empire carlovingien, occupé l'administration et s'était confondu avec la curie de tradition romaine. Puis les magistrats électifs de l'ancienne municipalité, devenus vassaux de l'évêque, les charges municipales devenues des fiefs, une étrange disparate entre les restes de la vieille municipalité romaine et les nouvelles formes de la cour épiscopale : voilà ce que présente généralement l'état intérieur des villes à cette seconde période, qui fut le berceau de l'échevinage proprement dit. Alors les offices municipaux, dont la source est transportée du peuple à l'évêque, paraissent sous des noms nouveaux, celui de mayeur ou maire, qui exprime la qualité d'intendant, et celui de pair, qui dérive des institutions féodales.

Nous adoptons volontiers ces doctrines historiques et cela fixe le point jusqu'auquel nous pouvons admettre le principe de M. Bouthors que « confondre le scabinat et la curie en une seule et même magistrature, ce serait méconnaître le principe qui a substitué l'une à l'autre (p. 18). » Tout en reconnaissant la différence originelle de la curie et de l'échevinage, nous croyons qu'au fond l'ancienne classe curiale était devenue la classe échevinale. Ces propriétaires, fermiers de l'Etat sous l'empire ; fermiers ordinairement municipaux, sous les Mérovingiens et les Carlovingiens ; fermiers seigneuriaux, lors du morcellement féodal, avaient vu la nature de leurs fonds immobiliers, la juridiction qui y était afférente et leur responsabilité, subir les mêmes transformations que la société. Ils avaient composé « cette classe de notables bourgeois que les monuments du Xe siècle et du XIe désignent sous le nom de primores urbis, capitales plegii, capitales friborgi, viri authentici, homines boni testimonii » (p. 19) ; mais ils n'étaient pas, plus que les curiaux, un corps à part, et ils se rattachaient, comme ceux-ci, aux corporations ouvrières par des liens particuliers » (p. 21).

L'importance qu'a dû avoir dans le mouvement communal la coopération de cette classe a été très-nettement expliquée par M. Bouthors, qui a aussi indiqué avec beaucoup de sagacité comment cette coopération a probablement eu lieu. Il nous semble équitable ici d'exprimer le regret que M. Aug. Thierry n'ait pas tenu compte des travaux de M. Bouthors et que, publiant, dans les *Documents inédits*, une grande collection relative à la ville d'Amiens, il n'ait pas pensé à mentionner tout d'abord la publication des *Coutumes du Bailliage d'Amiens*, dont il ne pouvait ignorer ni l'existence ni la valeur. Mais reprenons. M. Bouthors dit que « le fait auquel on doit attribuer la plus grande part d'influence sur les destinées du régime municipal est sans contredit l'incorporation des hommes libres qui avaient rempli les fonctions du scabinat sous le gouvernement seigneurial... Les classes ouvrières.... attirèrent à elles les hommes familiers avec les détails de la comptabilité publique et initiés à tous les secrets du droit et de la jurisprudence coutumière... Ceux-ci, pour conserver auprès de la commune la position qu'ils avaient occupée auprès des seigneurs, se firent agréger à des professions qui n'exigeaient ni connaissance spéciale ni apprentissage. » (p. 36 et suiv.) Nous n'avons plus maintenant qu'à nous hâter d'arriver à l'influence du patronage chrétien et à la tradition de la loi romaine qui achèvent, à nos yeux, de ruiner l'origine ghildique ou germanique attribuée à la commune.

Nous dirons peu de mots de la tradition romaine. Ce que nous avons écrit relativement à l'ouvrage de M. Bouthors suffit à montrer qu'elle était, pour nous, restée vivante. Nous la regardons comme toujours subsistante dans une société qui s'en était trouvée imbue à l'arrivée des Germains, desquels même au moins une partie n'y était pas étrangère.

Quant au patronage chrétien, malgré les observations consignées au *Recueil des Ordonnances des Rois de France* par le savant de Bréquigny, nous lui accordons, avec les Bénédictins collecteurs des *Rerum gallicarum et francicarum Scriptores*, avec Ducange, avec MM. Taillard, (1) Bouthors et Troplong, une influence considérable et je dirai même principale. Nous sommes heureux de nous rencontrer exactement d'accord à ce sujet avec M. Troplong. « Quelle puissance unira ces corporations, dit-il ; ces éléments hostiles si bien faits pour s'entendre ? Ce sera la religion. La paix de Dieu est décrétée par elle (Ducange, v° Treva, Treuga). L'Eglise force les plaideurs à transiger et les ennemis à se réconcilier (Ducange ; Sigebert, a. 1032) ; dans le danger commun, elle les rallie à la voix des évêques et des curés

---

(1) *Mémoire sur l'affranchissement des Communes.* — Le n° du 15 juillet 1855 de *La Picardie* contient, par rapport à l'action principale qu'ont eue la Paix et la Trêve de Dieu sur le mouvement communal, les objections qu'y a fait insérer notre ami, M. Vion. Nous réservons l'attention que nous ne pouvons pas leur donner ici, car nous voulons les discuter avec l'importance que mérite tout ce qu'écrit un membre si distingué de la Société des Antiquaires.

sous un seule bannière, en une armée commune (M. Guizot cite des textes, t. v., p. 181). Ainsi *la commune est le complément et le corollaire de la Paix de Dieu ;* elle met un terme aux rivalités des corps de métiers, elle les soumet au contrôle d'une police centrale, elle domine l'esprit de faction par l'esprit d'association, elle complète l'œuvre religieuse qui prépare le rétablissement de la paix publique. » — « C'est au milieu de l'anarchie féodale, ajoute-t-il, qu'avaient lieu les communes décrétées par les conciles et qui, dans la vue de la Trêve de Dieu, réunirent les habitants des cités sous un étendard commun. Alors la commune commença à poindre, et la commune religieuse, créant un même esprit, rapprochant des intérêts homogènes, prépara la commune politique et lui servit de préliminaires. C'est une remarque de Ducange, (v° Communes, d'après Orderic Vital, l. xi., p. 836) que notre auteur a mise à profit et qui n'a pas toujours eu assez de place dans les recherches de l'histoire sur l'établissement des communes. »

M. Bouthors va moins loin dans la vérité : « La commune à son origine fut une conséquence du principe qui avait fait proclamer la Paix de Dieu, car cette révolution, de quelque manière qu'on l'envisage, a été provoquée par le besoin de réconcilier la société avec elle-même. » (p. 31.) Si M. Bouthors s'arrête à l'entrée du vrai, c'est qu'il est retenu par le germanisme qui pèse sur tout son travail ; voilà pourquoi il a écrit ces phrases. (p. 34.) « La commune existe, pour ainsi dire, à l'état d'embryon dans chacune des communautés de la ghilde. Instituée pour rallier à un centre commun tous ces corps dissidents et sans liaison l'un avec l'autre, elle s'assimile, elle s'approprie leurs statuts à tel point qu'elle semble elle-même une ghilde entée sur d'autres ghildes ;

car, à l'exemple de celles-ci, elle admet la commensalité comme lien de l'association, la garantie mutuelle comme condition de son existence et l'excommunication civile comme sanction des dispositions pénales dont elle a épuisé la rigueur ; comme celles-ci, elle a son épargne ou fonds commun qui s'entretient par des contributions et des amendes, dont le produit sert à soulager des infortunes, à salarier des services, à subvenir en un mot à toutes les dépenses que commandent l'intérêt public et la sûreté générale. » Or nous ne pouvons que répéter encore ce que nous avons dit plus haut : les caractères de commensalité, d'assistance mutuelle et de fonds commun sont si loin d'être particuliers à la ghilde qu'ils sont l'âme des corporations ouvrières de Rome. Quant à l'excommunication civile, nous avons retrouvé l'exclusion employée même à l'époque impériale ; devait-elle manquer à l'époque de la Trève de Dieu ? Est-il explicable que, lorsqu'on connaît l'essence des corporations Romaines, lorsqu'on admet l'influence du christianisme et même celle de l'association jurée pour la Paix et la Trève de Dieu, on croie devoir recourir à la ghilde pour expliquer les caractères originels de la commune, examinés ou séparément ou par leur ensemble ?

Puisque nous voici revenus à notre point de départ, à la ghilde, j'ajouterai que je ne comprends pas que M. Aug. Thierry ait confondu avec la ghilde la Paix et la Trève de Dieu, lorsque les documents prouvent que cette institution d'origine toute religieuse a été fondée par le clergé ; qu'elle s'est progressivement formée dans le midi, d'où elle s'est étendue sur le nord de la Gaule et que, nulle part, on ne la trouve aussi vivace qu'au sud des Pyrénées, où, dans le comté de Barcelone, elle retient son nom et ses formules par des actes officiels souvent renouvelés, depuis le commencement du XI⁣ᵉ siècle jusqu'au milieu du XIII⁣ᵉ.

Quant à moi, je me refuse à faire le raisonnement que voici : Les corporations romaines avaient la commensalité, l'assistance mutuelle, un fonds commun. Elles excluaient les indignes de leur sein. Elles avaient survécu à la chute de l'empire romain. Le christianisme leur avait apporté une charité pleine de ferveur et une police rigoureuse, éléments très suffisants pour les renouveler. Au plus fort de l'anarchie féodale, le clergé catholique avait, dans les provinces les plus romaines de la Gaule, inventé, à l'aide des paroisses de ville ou de campagne, une vaste organisation pour restreindre le droit de guerre, sinon pour le supprimer. Donc, comme les corporations, les paroisses et l'Eglise sont nées dans l'empire romain, l'association qu'elles avaient faite est d'origine et d'esprit tout germaniques ; donc, elle est formée par l'influence de la ghilde et non par l'effort combiné des restes subsistants des corporations romaines qu'avait réunis l'Eglise en organisant la Paix et la Trêve de Dieu.

Et je conclus autrement. Dans les communes, les uns voient surtout un effet des idées germaniques ou n'admettent que partiellement l'influence de la tradition romaine ou de l'Eglise; mais nous, affirmant qu'il n'y a pas eu de solution de continuité entre le présent et le passé, renouant les effets à leurs causes, nous trouvons, dans la commune, avant tout, des éléments d'origine gallo-romaine, qu'avaient un peu modifiés les passions humaines et les conséquences des faits accomplis ou contemporains, et nous les trouvons organisés surtout par le christianisme et l'Eglise catholique.

Il nous paraît moins faux de nier absolument que la ghilde ait eu de l'action sur le mouvement communal, que de prétendre que la Trêve et la Paix de Dieu et que le mouvement communal sont purement des ghildes ou des effets de la ghilde.

On le voit, nous avons examiné avec l'attention la plus sérieuse sinon l'ouvrage, au moins les doctrines historiques de M. Bouthors. Nous n'avons pas été toujours d'accord avec cet auteur ; mais nous lui avons reconnu les plus éminentes qualités. Si la critique a, dans notre compte-rendu, une place plus grande que l'éloge, c'est qu'il n'en peut pas être différemment. L'éloge aisément reçu n'a pas besoin d'être prouvé ; mais la critique doit être expliquée si elle ne veut pas prendre l'air de la morgue et de l'insolence. Quand un travail mérite l'examen, l'homme qui en est chargé, s'il se respecte lui-même autant qu'il respecte les autres, peut tracer en quelques lignes ses approbations ; mais il lui faut développer en plusieurs pages ses dissentiments, ne fût-ce que pour se les faire pardonner, en montrant qu'il n'a parlé ni par ignorance, ni par caprice, ni par méchanceté.

Nous ne terminerons pas sans indiquer quelques-unes des louanges données à M. Bouthors par des écrivains devant lesquels nous n'avons pas cru devoir abdiquer notre sentiment, ce que ne font pas les gens de cœur, même s'il leur arrive d'être opposés à des hommes placés, au meilleur titre et au plus haut degré, dans l'estime publique.

« Les nombreuses coutumes du bailliage d'Amiens sont accompagnées de tous les éclaircissements dont peuvent les entourer l'étude du droit et de l'histoire aussi bien que la parfaite connaissance du pays. — Les notes nous semblent mériter des éloges sans restriction. — Les dissertations relatives au maritagium et au mortuarium ne paraissent rien laisser à désirer et nous les plaçons dans la partie de beaucoup la plus considérable de cette belle et loyale publication. » J'appuierai ces bonnes paroles de M. B. de Xivrey, en citant la déclaration faite par M. Dupin que « M. Bouthors a bien mérité de sa province et de la science, » et la conclusion de M. Troplong, qui, terminant son rapport à l'Académie des sciences morales et politiques, écrivait : « J'en ai dit assez pour appeler l'intérêt de l'Académie sur une publication dont elle aperçoit l'utilité historique et qui fait honneur au zèle, à la patience, à l'érudition de son auteur. » Ces éloges partis de si haut, et dont nous renouvelons la publicité, auront plus de valeur que s'ils venaient de nous.

J. Belin-De Launay,

Membre honoraire de l'Académie de Reims,
et titulaire de l'Académie de la Somme.

(Extrait de LA PICARDIE, *Revue littéraire et scientifique.*

AMIENS. — IMP. DE LENOEL-HEROUART.

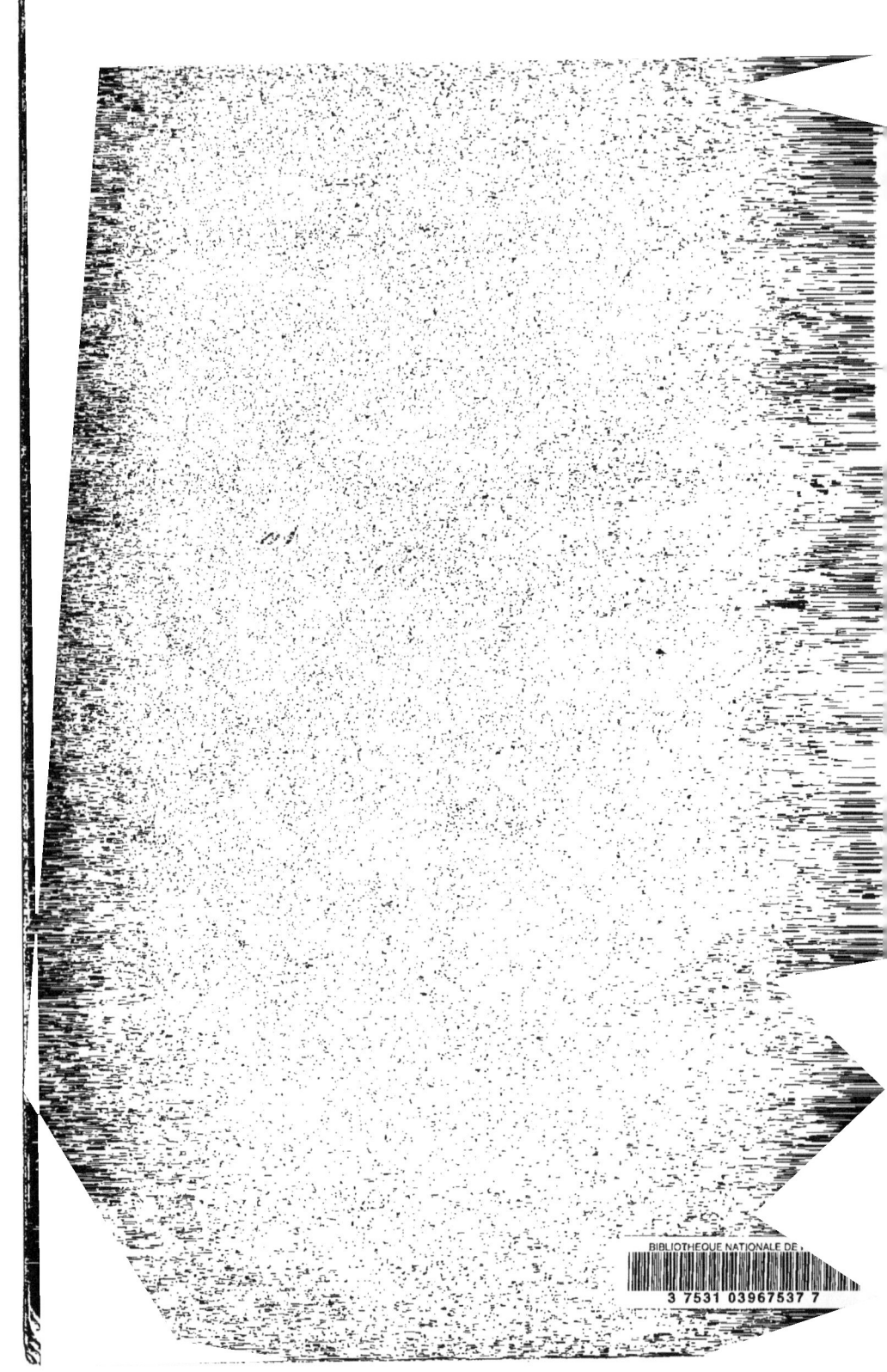

www.ingramcontent.com/pod-product-compliance
Lightning Source LLC
Chambersburg PA
CBHW060934050426
42453CB00010B/2012